SOCIÉTÉ PROFESSIONNELLE DES COMPTABLES DE LYON
3, Place des Terreaux, 3

CONFÉRENCE

SUR LA

NÉCESSITÉ POUR LES COMMERÇANTS ET LES COMPTABLES

DE L'APPLICATION

DES LOIS COMMERCIALES ET PÉNALES

EN CE QUI CONCERNE

LES LIVRES DE COMMERCE

PAR

Mᵉ Ferdinand FALCONNET

Avocat à la Cour d'Appel de Lyon

Professeur de Droit à la Société d'Enseignement professionnel du Rhône

LYON

IMPRIMERIE DE LA *GAZETTE JUDICIAIRE*

A. REY et Cⁱᵉ, Éditeurs

4, RUE GENTIL, 4

1902

SOCIÉTÉ PROFESSIONNELLE

DES COMPTABLES DE LYON

CONFÉRENCE

SUR LA

NÉCESSITÉ POUR LES COMMERÇANTS ET LES COMPTABLES

DE L'APPLICATION

DES LOIS COMMERCIALES ET PÉNALES

EN CE QUI CONCERNE

LES LIVRES DE COMMERCE

PAR

Mᵉ Ferdinand **FALCONNET**
Avocat à la Cour d'Appel de Lyon
Professeur de Droit à la Société d'Enseignement professionnel du Rhône

LYON
IMPRIMERIE DE LA *GAZETTE JUDICIAIRE*
A. REY et Cⁱᵉ, Éditeurs
4, RUE GENTIL, 4

1902

SOCIÉTÉ PROFESSIONNELLE DES COMPTABLES
DE LYON

Président d'honneur : **M. J. PITRE**
Président honoraire : **M. L. JULIEN**

Anciens Présidents.

MM. BEST, 1896-1897 et 1898;
SALIGNAT, 1899;
JULIEN, 1900 et 1901.

CONSEIL D'ADMINISTRATION

MM. CHEVALLET. . . *président ;*
GAGNAIRE . . . *vice-président :*
BARRILLOT . . . *trésorier ;*
BONNOT . . . . *secrétaire ;*
DUPASQUIER . . *secrétaire adjoint ;*
TÉZIER . . . . *archiviste bibliothécaire.*

COMITÉ D'ÉTUDES

pour la modification des lois commerciales et pénales en ce qui concerne les livres de commerce.

Président : M. J. PITRE.

Industriels et Commerçants.

MM. L. PICARD, ✳, président de l'Union française du commerce et de l'industrie.

J. PEY, ✳, ✡ I. O., ✠, secrétaire de l'Union des Chambres syndicales lyonnaises.

BRIZON, ✡ A., juge au Tribunal de commerce.

A. REY ——

COMMANDEUR, ♂, ——

CHEVROT ——

HATTON, industriel.

TISSIER, directeur de la Manufacture lyonnaise de registres et d'enveloppes.

Comptables.

MM. JULIEN.	MM. BONNOT.
BEST.	BARRILLOT.
CHEVALLET.	GIRARDET.
MARCHAL.	BUFFET.
GAGNAIRE.	CORSAT.

Avocat-Conseil.

Mᵉ F. FALCONNET, avocat à la Cour d'appel, professeur de droit à la Société d'Enseignement professionnel du Rhône.

AVANT-PROPOS

La Société professionnelle des Comptables de Lyon a été fondée en 1896.

Dès sa fondation, sa première préoccupation a été de rechercher les moyens d'améliorer, dans la mesure du possible, la situation des Comptables.

Au cours de ses recherches elle a reconnu pour eux et plus encore peut-être pour les Industriels et Commerçants, la nécessité de l'application aussi rigoureuse que possible de la loi existante en matière de comptabilité, en attendant des modifications qui s'imposent.

Pour arriver à cette application rigoureuse et à ces modifications, elle a d'abord chargé un de ses sociétaires, M. Chevallet, de lui faire, une causerie (reproduite ci-après), sur l'utilité pour les Comptables de s'unir à MM. les Industriels et Commerçants pour faire triompher leurs justes revendications.

Elle a ensuite prié M⁰ Falconnet, avocat à la Cour d'Appel de Lyon, professeur de droit à la Société d'enseignement professionnel du Rhône, de vouloir bien lui faire, sur cette importante question, une conférence dont on trouvera plus loin le compte rendu et le texte.

Enfin, la Société a nommé un Comité chargé d'étudier les modifications qu'il convient d'apporter aux lois commerciales et pénales en ce qui concerne les livres de commerce.

Le Conseil d'administration de la Société professionnelle des Comptables de Lyon, pour pouvoir atteindre son but, fait aujourd'hui appel à toutes les bonnes volontés et en particulier :

1° A MM. les Industriels et Commerçants sans l'appui desquels il ne peut rien et auxquels il serait profondément reconnaissant de se faire inscrire comme membres honoraires de la Société.

2° A MM. les Comptables dont il sollicite les adhésions en grand nombre comme membres actifs.

EXTRAIT DU PROCÈS-VERBAL

de la Réunion du 31 Juillet 1901.

La Réunion est présidée par M. JULIEN, président de la Société.

Plus du quart des membres inscrits étant présents, l'Assemblée est régulièrement constituée et peut délibérer valablement.

M. le Président donne la parole à M. CHEVALLET qui doit faire diverses propositions ayant pour but l'amélioration du sort des Comptables.

M. Chevallet s'exprime en ces termes :

Messieurs et chers Collègues,

Depuis longtemps j'avais le désir d'attirer votre attention sur la situation générale de notre corporation. J'ai reculé jusqu'à ce jour, parce que je redoutais les difficultés que mon incompétence allait rencontrer et j'aurais préferé qu'une voix plus autorisée que la mienne vous proposât d'étudier la question.

Mais si lourde que cette tâche m'ait paru pour mes faibles forces, j'ai pensé que le devoir m'imposait de l'accomplir et qu'avec de la bonne volonté il est peu d'obstacle que l'on ne puisse surmonter.

Obéissant à ces considérations et certain d'avance d'obtenir toute votre indulgence, je vais vous soumettre quelques observations sur la situation du Comptable.

En général, les Comptables se plaignent amèrement de leur sort et cela avec juste raison. En effet, la situation du Comptable, au lieu de s'améliorer, tend de plus en plus à devenir mauvaise.

A part quelques chefs Comptables, de grandes maisons ou administrations qui arrivent à obtenir des appointements relativement élevés, la masse des Comptables se voient discuter de maigres salaires à peine suffisants pour vivre. Je crois être dans le vrai en disant que la moyenne de l'appointement du Comptable ne dépasse pas 1500 francs par an. Et bien, est-ce là une rémunération suffisante pour le travail si délicat du Comptable et qui exige tant d'études ?

Vous allez me dire que les Comptables qui occupent un poste avec un appointement aussi médiocre, n'ont pas à se plaindre de leur sort et qu'ils ne devraient pas accepter une aussi faible rémunération.

Cela serait vrai si l'on comptait sans le besoin, mais très souvent, le Comptable n'a pas de rentes ; il accepte ce qui lui est offert pour ne pas rester sans emploi et une fois placé il ne lui est pas toujours aisé de trouver une situation meilleure.

N'est-il pas possible de remédier à cet état de choses ?

Une amélioration ne peut certainement pas être apportée immédiatement, mais je crois qu'il est tout au moins possible d'enrayer le mal. Pour y parvenir nous devons rechercher tous les moyens, c'est notre devoir.

Les fondateurs de notre Société ont, en effet, dans l'article 5 de nos statuts, décidé que : « des réunions spéciales seraient consacrées à l'étude, à l'examen et à la discussion des questions de progrès professionnels » en un mot, à l'amélioration du sort de notre corporation.

Mais, pour combattre le mal, il faut tout d'abord en connaître les causes.

La première et non la moins importante, c'est *l'indifférence* et le peu d'estime que professent en général les Commerçants pour la comptabitité.

La majorité des Commerçants ne reconnaît pas son utilité ou ne veut pas la reconnaître. En effet, combien y a-t-il de patrons qui savent apprécier à leur juste valeur la comptabilité et le mérite du Comptable ? Dès lors, celui-ci est considéré comme un employé inutile, ne produisant rien et grevant par conséquent inutilement les frais généraux de la maison qui l'occupe.

Cette indifférence du commerçant pour le travail comptable provient tantôt de son incompétence dans la matière, tantôt aussi, et c'est le plus souvent, du fait même du comptable qui ne sait pas se rendre utile et qui n'est pas toujours capable de répondre bien nettement aux questions qui lui sont posées.

Une autre cause de l'indifférence du commerçant pour la comptabilité, c'est que la loi, tout en obligeant le commerçant à en avoir une, ne sanctionne pas assez sévèrement ou assez efficacement cette obligation.

En effet, le commerçant qui fait bien ses affaires et qui

n'a pas de comptabilité n'est jamais inquiété. Celui-là seul qui ne réussit pas peut, suivant le cas, être poursuivi comme banqueroutier simple ou banqueroutier frauduleux. Mais personne n'ignore que les cas sont rares où la loi est ici appliquée !

La *concurrence*, aidée par l'indifférence du commerçant pour la comptabilité, est également cause de la diminution de notre salaire. La concurrence la plus dangereuse est celle qui nous est faite par les *faux comptables*.

Aujourd'hui tout le monde est comptable ou dit l'être. Et toujours, en raison de cette indifférence du commerçant, l'employé, à quelque catégorie qu'il appartienne, réussit facilement, moyennant une baisse de salaire, à obtenir la direction de la comptabilité qu'il sollicite. Il y trouve généralement une légère amélioration dans sa situation et le patron une économie dans ses frais généraux. La tenue de la comptabilité en souffre, mais qu'importe au commerçant indifférent ; il ne paie pas cher et il a ou plutôt il croit avoir un *comptable*.

La femme également nous fait de plus en plus concurrence. Un grand nombre de jeunes filles désertent les ateliers pour le travail de bureau. Beaucoup occupent des postes de comptables ; il y en a même qui font de la comptabilité ambulante. Et cela, naturellement, moyennant des appointements dérisoires.

En résumé, la baisse du salaire du Comptable est due :

1o A l'*indifférence* du Commerçant pour la comptabilité, indifférence qui est encore accrue par la non application des articles du Code de commerce concernant les livres de commerce et la faillite.

2o A la *concurrence* qui nous est faite par les faux Comptables et par la femme.

Voilà le mal. — Et bien croyez-vous que nous ne puissions pas le combattre ?

Certes, nous ne devons pas, nous, comme les autres salariés, entrer en lutte avec le patronat. Bien au contraire, c'est avec lui et non contre lui que nous devons lutter. Et je suis certain que MM. les patrons nous aideront de toutes leurs forces à faire triompher notre cause, car il y va non seulement de notre intérêt, mais aussi du leur.

Nous devons tout d'abord réagir contre l'idée préconçue du Commerçant qui part de ce principe que la comptabilité n'est pas absolument nécessaire et lui démontrer le contraire dans son propre intérêt.

Pour cela, nous avons un moyen. Nous avons déjà un certain nombre de membres honoraires qui nous sont tout dévoués. Faisons tous nos efforts pour l'augmenter. Groupons autour de nous : *des Commerçants* qui, en nous accordant leur concours, s'intéresseront forcément à la science que notre Société patronne ; *des Juges* à qui nous demanderons, avec l'appui de nos membres honoraires, l'application plus rigoureuse des articles du Code concernant les livres de commerce. Cette application aura un effet salutaire non seulement pour nous, mais également pour les Commerçants en général. Car il est bien évident que les Commerçants malhonnêtes qui gaspillent l'argent de leurs créanciers hésiteront avant de se mettre dans le commerce s'ils encourent le risque certain d'être inquiétés en cas de mauvaises affaires. Et ainsi cette concurrence que l'on peut qualifier de déloyale diminuera.

En dehors de la nécessité d'appliquer strictement les prescriptions actuelles du Code de commerce, il importe d'en obtenir d'autres du législateur, et en particulier l'obligation absolue pour le commerçant d'avoir une véritable comptabilité dans le sens propre du mot. La Commission que je vous proposerai de nommer sera chargée de cette étude.

Notre devoir est également de chercher à éliminer dans la mesure du possible les faux Comptables qui envahissent notre corporation. Et pour cela, il faut nous grouper et nous inspirer davantage de l'esprit de solidarité.

La création d'un diplôme de Comptable professionnel serait, je crois, à ce propos, d'une grande efficacité. Vous allez certainement me dire qu'il existe déjà pas mal de diplômes de Comptable et que la concurrence n'a pas diminué pour cela. C'est bien possible, mais sans vouloir contester d'une façon absolue la valeur de ces diplômes, il est permis de dire qu'ils ne sont pas toujours délivrés par des personnes s'inspirant surtout du côté pratique professionnel de la question.

Ce qui, à mon avis, serait préférable, serait un diplôme délivré, par un jury composé de praticiens, aux seuls candidats sachant réellement tenir et diriger une comptabilité. Ce sont ces derniers seulement que notre Société devrait patronner.

En conséquence, Messieurs, je vous demande de bien vouloir nommer une Commission chargée :

1° De grouper autour de nous les notables Commerçants, de les inviter à une Conférence faite par un avocat sur « l'utilité de la comptabilité et l'urgence qu'il y a pour eux à réclamer l'application des articles du Code de commerce concernant les livres de còmmerce » ;

2° D'étudier la création d'un diplôme de Comptable tel

que nous le comprenons et décerné par des autorités en la matière, concurremment avec notre Société.

Après diverses observations de quelques membres présents, le projet de M. Chevallet, mis aux voix, est adopté à l'unanimité.

Une Commission de cinq membres est nommée pour se joindre au Conseil et étudier les voies et moyens pour la mise en pratique du projet soumis.

EXTRAIT DU PROCÈS-VERBAL

de la Réunion du 26 Mars 1902.

La Réunion est présidée par M. CHEVALLET, président de la Société.

Plus du quart des sociétaires inscrits étant présents, l'Assemblée est régulièrement constituée.

Après avoir entendu le compte rendu des travaux de la Commission d'Etudes, fait par M. Julien, l'Assemblée décide qu'une Conférence sera faite par Mᵉ Falconnet, avocat, sur le sujet suivant :

« De la nécessité pour les Commerçants et les Comptables de l'application des lois commerciales et pénales, en ce qui concerne les livres de commerce. »

Elle décide, en outre, que cette Conférence aura lieu le mercredi, 16 avril prochain, à 8 h. 1/2 du soir, dans la Salle des Prud'hommes, au Palais du Commerce.

Sur la proposition de M. le Président, l'Assemblée vote à l'unanimité le vœu suivant :

La Société professionnelle des Comptables de Lyon,
  Considérant :
Que la baisse de salaires des Comptables provient princi-

palement de la concurrence faite à la corporation par des employés non Comptables ;

Que ces employés non Comptables peuvent exercer librement par suite de l'indifférence des Commerçants en matière de comptabilité ;

Que les Commerçants sont trop souvent indifférents à la bonne tenue de leurs écritures, en raison de la non-application des articles du Code de commerce relatifs aux livres de commerce et à la faillite ;

Considérant que cet état de choses est préjudiciable aussi bien aux intérêts des Industriels et des Commerçants (maisons grandes ou petites), qu'à la considération des vrais Comptables ,

Qu'en effet, en ce qui concerne l'industrie et le commerce, la non-application des lois existantes semble autoriser les Industriels et Commerçants négligents à faire du commerce dans des conditions désavantageuses et pour eux et pour leurs confrères ;

Que la mauvaise tenue des écritures est la cause d'un grand nombre de faillites ;

En ce qui concerne la corporation des Comptables, la non-application des mêmes lois permet aux ⎰Industriels et aux Commerçants de livrer le sort de leur commerce à des employés incompétents toujours trop rétribués, malgré la modicité de leurs appointements ;

Qu'en résumé, si les articles du Code de commerce étaient strictement appliqués, il en résulterait nécessairement une amélioration marquée dans les relations commerciales.

En conséquence :

La Société professionnelle des Comptables de Lyon,

Emet le vœu :

Que le Gouvernement intervienne auprès des Tribunaux en vue de la rigoureuse application des lois existantes, sans préjudice des modifications qu'il paraît nécessaire d'apporter au titre II du Code de commerce.

CONFÉRENCE

faite par Me FALCONNET le 16 avril 1902

Le mercredi 16 avril 1902, à 8 h. 1/2 du soir, plus de 300 personnes, Industriels, Commerçants et Comptables étaient réunies dans la salle des Prud'hommes, au Palais du Commerce, pour entendre la Conférence faite par Mᵉ FALCONNET, avocat à la Cour d'appel, professeur de droit à la Société d'Enseignement professionnel du Rhône, « *Sur la nécessité pour les Commerçauts et les Comptables de l'application des lois commerciales et pénales, en ce qui concerne les livres de commerce* ».

M. PITRE, président d'honneur, présidait, ayant à ses côtés : MM. BRIZON et COMMANDEUR, juges au Tribunal de commerce; M. Lucien PICARD, chevalier de la Légion d'honneur, président de l'Union française du Commerce et de l'Industrie; MM. CHEVALLET, président de la Société; GAGNAIRE, vice-président, et les Membres du Conseil.

M. CHEVROT, juge au Tribunal, et M. JULIEN, président honoraire, s'étaient fait excuser.

Remarqués dans l'assistance : MM. TERRAIL, ancien juge au Tribunal de commerce; MARCHAL, professeur de commerce et de comptabilité à l'Ecole supérieure de commerce ; BEST et BAGNEUX, experts-comptables près les Tribunaux.

M. PITRE prend la parole et s'exprime ainsi :

Messieurs,

La Société professionnelle des Comptables de Lyon a été créée dans le but d'améliorer le sort de ses adhérents reconnus capables de rendre des services aux Commerçants, c'est-à-dire de tenir d'une manière irréprochable les comptabilités qui peuvent leur être confiées et de donner même, le cas échéant, des conseils à ceux qui les emploient.

Une comptabilité régulière est sans contredit nécessaire à tout Commerçant soucieux de faire honneur à ses affaires et par suite d'éviter les catastrophes commerciales, si fréquentes aujourd'hui, ou tout au moins éloigner de lui la faillite avec ses conséquences.

Il faut qu'il puisse avec assurance déposer son bilan et demander le bénéfice de la loi du 4 mars 1889 sur la liquidation judiciaire que, dans sa sage prévoyance, le législateur a institué pour le Commerçant malheureux.

Les Tribunaux de commerce reconnaissent aisément le négociant malheureux et n'hésitent pas à le faire bénéficier de cette loi, lorsqu'une comptabilité vraie et honnête prouve que toutes ses opérations commerciales ont été régulières.

En présence des faillites nombreuses déclarées de nos jours, provenant souvent du défaut de comptabilité ou de son irrégularité, la Société, émue de cet état de choses et voulant, autant que possible, prémunir le commerce contre ces événements, a décidé, dans l'intérêt des vrais comptables et des Commerçants en général, de tenter une campagne pour démontrer à ces derniers la nécessité d'avoir à leur service des comptables sérieux et capables d'établir une bonne comptabilité.

Pour bien montrer la marche à suivre et dresser le plan de campagne qu'elle veut entreprendre, la Société s'est adressée, par l'intermédiaire de M. Chevallet, son honorable président actif, à Me Falconnet, notre sympathique et dévoué avocat, professeur de droit commercial à la Société d'Enseignement professionnel du Rhône qui, avec son obligeance habituelle, a bien voulu consentir à venir développer devant vous le sujet suivant :

« *De la nécessité pour les Commerçants et les Comptables de l'application des lois commerciales et pénales en ce qui concerne les livres de commerce.* »

Ne voulant pas anticiper sur le rôle du Conférencier, je m'arrête et lui donne la parole.

Conférence de Mᵉ Falconnet

Messieurs, appelé, par la Société professionnelle des Comptables de la ville de Lyon, à vous faire une conférence, mon premier devoir, en entrant dans cette enceinte, sera de venir remercier son distingué Président d'honneur, M. Pitre, qui vient de m'adresser les compliments que vous avez entendus, que je ne mérite certes pas, mais que lui ont dictés son amabilité et sa courtoisie ; son sympathique président honoraire, M. Julien, son dévoué président actif, M. Chevallet, son Conseil d'administration tout entier, de la marque de sympathie qu'ils m'ont donnée en s'adressant à moi. Et, en leur nom à tous, de remercier également MM. *Brizon* et *Commandeur*, juges au Tribunal de commerce, *Picard*, président de l'Union française du commerce et de l'industrie, MM. les journalistes, en un mot toutes les personnes ici présentes, qui ont bien voulu honorer cette réunion de leur présence et donner ainsi à cette vaillante Société, en même temps qu'un encouragement, une marque non équivoque de leur sincère attachement.

Ce devoir si agréable accompli et ne voulant pas abuser de vos instants, je vais, sans retard, aborder mon sujet.

Toutefois, Messieurs les comptables, au seuil même des explications que je vais avoir l'honneur de vous donner, laissez-moi, franchement, vous avouer que quelque plaisir que j'aie éprouvé à me rendre à votre appel et à venir prendre, en même temps que la parole au milieu de vous, la défense de vos intérêts, je ne l'ai pas fait sans une certaine appréhension.

La raison en est toute simple.

En matière de comptabilité, je ne suis qu'un profane et je me trouve, c'est le cas de le dire, au milieu des maîtres de l'art. Vous devez comprendre mon embarras. Et s'il était permis, comme je l'ai vu quelque part dans les notes que votre Société a bien voulu me communiquer pour m'aider dans ma tâche ; s'il était permis, dis-je, à votre honorable président actif, M. Chevallet, prenant la parole devant vous sur cette importante question, de vous demander toute votre indulgence, combien plus ne dois-je pas le faire moi-même ?

C'est donc sous cette égide que je me place pour vous parler de comptabilité, et spécialement : « *De la nécessité pour les commerçants et les comptables de l'application des lois commerciales et pénales en ce qui concerne les livres de commerce.* »

Mon but n'est point de vous faire un discours acadé-
mique, mais, ainsi que cela a été convenu avec votre ai-
mable président actif, simplement et uniquement de vous
donner sur cette importante question des notions utiles et
nécessaires, qui pourront, je l'espère, vous être de quelque
utilité et qui seront comme un résumé des principales observations que vous avez pu faire sur la réglementation ac-
tuelle de la comptabilité, prêt à être adressé aux personnes
qui s'intéressent à vous et désirent vous aider dans votre
marche en avant pour arriver au triomphe de vos justes
revendications.

Pour être aussi court et aussi clair que possible, tout en
m'efforçant d'être complet, je diviserai mon sujet en plusieurs parties. Après avoir défini la comptabilité, je recher-
cherai : quelle est son utilité, quels sont les livres obliga
toires, les formalités auxquelles ils sont soumis, les sanctions que le législateur a apportées à ces formalités, enfin,
quelle est la cause de leur inefficacité, quelles en sont les
conséquences; tout autant de problèmes qu'il faut résoudre
pour solutionner la question posée qui en découle et qui
en est pour ainsi dire la résultante.

Définition de la comptabilité. — La comptabilité, vous le
savez mieux que moi, Messieurs, est l'ensemble des rè-
gles, concernant la méthode à suivre, pour que le commerçant se rende le plus *facilement* et le plus *sùrement*
compte de sa situation générale ou de sa situation à l'égard
de chacune des personnes avec lesquelles il est en relation.

La comptabilité entraîne avec elle la nécessité de tenir des
livres de commerce.

Utilité des livres de commerce. — Le législateur indique
les livres que tout commerçant doit tenir, il les soumet à
certaines formalités pour en assurer la régularité, enfin, il
en détermine la force probante et indique de quelle manière et dans quelles circonstances la production en justice
des livres de commerce peut avoir lieu. Cette réglementation fait l'objet des articles 8 à 17 du Code de commerce.

En prescrivant aux commerçants de tenir des livres de
commerce pour y mentionner leurs opérations, le législateur, disent MM. Lyon-Caen et Renault, s'est proposé plusieurs buts. Il y va d'abord de l'intérêt des commerçants
eux-mêmes ; en consultant leurs livres, ils peuvent se
rendre un compte exact des résultats de leurs opérations
et se décider en connaissance de cause à étendre ou à res-
treindre leurs affaires. De plus, les opérations commerciales
ne sont pas toujours constatées par un acte dressé à cet
effet ; si les livres de commerce ne les mentionnaient pas et

ne servaient pas de moyens de preuve, il faudrait recourir à la preuve testimoniale qui offre toujours de grands dangers. Enfin, quand un commerçant est dans l'impossibilité d'exécuter ses engagements et que la cessation des paiements est judiciairement constatée, il importe de savoir quelle est la cause du mauvais état de ses affaires ; suivant qu'il est dû à des événements imprévus, que des fautes ou des fraudes ont été commises, il y a liquidation judiciaire ou faillite, délit de banqueroute simple ou crime de banqueroute frauduleuse. L'examen seul des livres permet de vérifier la cause de la situation. La tenue des livres est évidemment une de ces institutions que le législateur peut réglementer, mais qu'il ne crée pas. Son utilité, bien mieux son indispensable nécessité a dû la rendre usuelle avant qu'aucune prescription l'imposât comme obligatoire en certains cas et dans des positions déterminées.

Quel est le père de famille, jaloux de se conduire avec ordre et prudence, qui n'ait cherché dans tous les temps à se rendre compte de ses affaires au moyen de registres, constatant ses ressources, ses obligations et les résultats de son administration ? A plus forte raison en a-t-il été de même pour les commerçants pour lesquels la multiplicité des affaires rend le secours de l'écriture plus indispensable encore. (Voir Bédarride, *Traité des commerçants.*) C'est ainsi que nous trouvons la tenue des livres réglementée chez les Romains. C'est ainsi, encore, que nous la voyons régie une première fois chez nous par l'ordonnance de 1673.

L'obligation de tenir des livres incombe à tous les commerçants, aux Sociétés commerciales, comme aux individus.

Livres obligatoires. — La loi réduit au minimum le nombre des livres que doit tenir un commerçant.

Il y a, aux termes des articles 8 et 9 du Code de commerce, trois livres obligatoires : le livre journal, le livre copie de lettres et le livre des inventaires. En dehors de ces livres, beaucoup de commerçants en tiennent d'autres qu'on appelle *facultatifs* ou *auxiliaires*, qui varient avec l'importance ou la nature du commerce. En général, ces livres ont pour but de permettre à un commerçant de mieux connaître sa situation générale ou l'état de ses relations avec chacun de ses clients. Les plus usités sont : le livre brouillard, le grand-livre, le livre de caisse, le livre d'achats et ventes, le livre de traites et billets.

En outre de ces livres, la tenue de certains livres spéciaux dont nous n'avons pas à parler ici, est exigée de quelques commerçants.

Des formalités auxquelles sont soumis les livres obligatoires.

Pour assurer la sincérité des livres obligatoires de commerce et pour prévenir les fraudes, consistant spécialement dans les anti-dates et les suppressions, le législateur les a soumis à diverses formalités indiquées par les articles 10 et 11 du Code de commerce.

Les unes, celles de l'article 11 du Code de commerce, doivent avoir lieu avant qu'il ne soit fait usage des livres de commerce. Les autres, celles de l'article 10, pendant qu'il en est fait usage.

Aux termes de l'article 11 du Code de commerce :

« *Les livres, dont la tenue est ordonnée par les articles 8 et 9 ci-dessus* (c'est-à-dire le livre journal et le livre d'inventaires) *seront cotés, paraphés et visés, soit par un des juges des Tribunaux de commerce, soit par le maire ou un adjoint, dans la forme ordinaire et sans frais. Les commerçants seront tenus de conserver ces livres pendant dix ans.* »

La « *cote* », est le numérotage des feuillets dont se compose le livre; elle prévient la suppression ou l'intercalation.

Le « *paraphe* » ou signature abrégée du juge ou du maire rend difficile et peu probable la substitution d'un feuillet à un autre ; pour l'opérer, il faudrait imiter la signature d'un fonctionnaire public, ce qui constituerait un faux en écriture publique, entraînant la peine des travaux forcés à temps.

Le « *visa* » consiste dans un procès-verbal dressé au commencement ou à la fin du registre pour constater l'opération, sa date, le nom du magistrat qui y a procédé et celui du commerçant qui doit employer le registre ; enfin, le nombre de feuillets dont il se compose.

En outre, aux termes de l'article 10 du Code de commerce : « *Le livre journal et le livre des inventaires seront paraphés et visés une fois par année. Le livre de copies de lettres ne sera pas soumis à cette formalité. Tous seront tenus par ordre de dates, sans blancs, lacunes, ni transports en marge.* »

Et, cependant, hâtons-nous de le dire, quelle qu'ait été la louable intention du législateur essayant de réglementer la tenue des livres, les formalités auxquelles il l'a assujettie sont inapplicables !

Pour nous en convaincre, prenons pour exemple notre bonne ville de Lyon et supposons pour un instant, si vous le voulez bien, qu'elle renferme 25.000 commerçants sur les 459.099 habitants dont se compose sa population; ce qui fait environ un commerçant par 18 habitants. Or, supposons toujours qu'en moyenne chaque commerçant utilise par année deux « livres journal », c'est un minimum, et voilà déjà que Messieurs les juges auraient 50.000 registres à coter et à parapher annuellement. Est-ce là tout ? Non, car il faut également que le livre d'inventaires soit coté et paraphé. Toutefois, ce livre durant ordinairement plusieurs années, nous n'en parlons que pour mémoire. Mais, tout commerçant étant tenu de présenter chaque année au *visa* la dernière page écrite de son journal et de son livre d'inventaires, voilà de nouveau 50.000 registres sur lesquels Messieurs les juges auraient à apposer leur signature. C'est donc, au bas mot, environ 100.000 registres que nos magistrats consulaires devraient coter, parapher et viser annuellement si, d'aventure, Messieurs les commerçants se mettaient à prendre la loi au sérieux et à l'observer strictement, ce qui, par parenthèse, serait à coup sûr le meilleur moyen d'en obtenir la revision immédiate ! (Voir Leautey : *Questions actuelles de comptabilité.)*

On voit donc, par ce seul exemple, que cette réglementation est, en grande partie du moins, inapplicable, soit parce que les magistrats appelés à parapher et viser les livres de commerce n'ont pas le temps nécessaire pour exécuter ce travail, soit parce que les commerçants contraints de se soumettre à ces formalités, n'ont pas davantage les loisirs d'attendre qu'elles soient accomplies, surtout s'ils arrivent des derniers pour se soumettre à cette obligation !

C'est en vain qu'on objecterait que le paraphe pourrait se faire, comme dans certaines villes, à l'aide d'une griffe ou d'un timbre, ce qui permettrait d'aller plus rapidement ? Il serait facile de démontrer que cette manière d'agir n'est ni *efficace* ni *légale !*

Aussi, ces différentes formalités sont-elles depuis longtemps tombées à peu près totalement en désuétude.

Des sanctions que le législateur a apportées à ces différentes formalités et de leur inefficacité. — Le législateur, cependant, qui ne prévoyait pas le sort qui leur était réservé et qui sentait toute l'importance de la réglementation de la comptabilité, a tenu à assurer leur exécution.

Pour atteindre ce but, il a édicté deux sortes de sanctions : une, que nous appelerons *commerciale*, contre les commerçants à la tête de leurs affaires ; une autre, que nous appelerons *pénale*, contre les commerçants en état de faillite.

Nous allons reprendre et étudier, l'une après l'autre, ces deux espèces de sanctions, et démontrer qu'elles sont, l'une et l'autre, inefficaces pour assurer le respect de la loi.

La première sanction, édictée par le législateur, contre le commerçant qui ne se soumettrait pas aux exigences de la loi relativement à sa tenue de livres, sanction que nous avons appelée *sanction commerciale* est renfermée dans l'article 13 du Code de commerce ainsi conçu : « *Les livres que les individus, faisant le commerce, sont obligés de tenir, et pour lesquels ils n'auraient pas observé les formalités ci-dessus prescrites, ne pourront être représentés ni faire foi en justice* au profit de ceux qui les auront tenus ; *sans préjudice de ce qui sera réglé au livre des faillites et banqueroutes* ».

Sans entrer ici dans trop de détails, disons simplement que cette sanction est inefficace pour deux raisons :

Parce que, d'une part, elle ne s'applique que si le commerçant a un procès (ce fait heureusement n'arrive pas tous les jours) et que, pour soutenir sa prétention, il soit obligé de produire ses livres ;

Parce que, d'autre part, bien que les livres d'un commerçant soient mal tenus, les juges peuvent, en cas de procès, y ajouter foi et se fonder sur eux pour s'éclairer et donner gain de cause à ce dernier. Pour agir ainsi, les juges peuvent, en effet, se baser sur ce fait, que les formalités, sur la tenue des livres, prescrites par les articles 10 et 11 du Code de commerce, sont, ainsi que nous venons de le voir, tombées en désuétude, et sur les articles 1341, 1343 du Code civil, 109 du Code de commerce et la jurisprudence tout entière qui leur donnent cette latitude.

En résumé, le juge, pour rendre sa décision, ne peut pas se fonder directement sur des livres irréguliers, mais il peut les consulter pour compléter sa conviction. Il n'y puise pas une preuve proprement dite, mais une présomption de fait. Cela se réduit presque à une question de mots.

La seconde sanction édictée par le législateur et que nous avons appelée *sanction pénale* est renfermée dans l'article 586, § 6, du Code de commerce, ainsi conçu : « *Pourra être déclaré banqueroutier simple, tout commerçant failli qui se trouvera dans un des cas suivants :... s'il n'a pas tenu de livres et fait exactement inventaire; si ses livres ou inventaires sont incomplets ou irrégulièrement tenus, ou s'ils n'offrent pas sa véritable situation active ou passive, sans néanmoins qu'il y ait fraude.* » Et dans l'article 402 du Code pénal également ainsi conçu : « *Les banqueroutiers simples seront punis d'un emprisonnement d'un mois au moins et de deux ans au plus.* »

Cette nouvelle sanction est aussi inefficace que la première pour de nombreuses raisons, que nous pouvons résumer ainsi:

Premièrement : Parce qu'elle n'est applicable qu'au commerçant en état de faillite et non à celui qui ne se trouve jamais en état de cessation de paiements.

Deuxièmement : Ensuite, parce que le juge n'est pas nécessairement obligé de déclarer en état banqueroute simple celui qui ne s'est pas conformé aux prescriptions de l'article 586, § 6, C. com., Cet article, en effet, ne dit pas que le juge *devra*, dans le cas sus-visé, déclarer le commerçant en état de banqueroute simple, mais simplement, qu'il *pourra*. C'est donc pour le juge non une « obligation », mais une « faculté »; ce qui est tout différent.

Troisièmement : Au surplus, parce que les prescriptions des articles 10 et 11 du Code de commerce, relatives à la tenue des livres, étant tombées en désuétude, le juge hésitera dans le cas qui nous occupe à déclarer la banqueroute et à appliquer au commerçant les peines de l'article 402 du Code pénal.

Quatrièmement : Enfin, parce que, le juge appliquerait-il l'article 402 du Code pénal et condamnerait-il le banqueroutier, il pourra toujours abaisser la peine prononcée contre lui jusqu'à 1 franc d'amende en vertu de l'article 463, § 9, du Code pénal, ainsi conçu : « *Dans tous les cas où la peine de l'emprisonnement et celle de l'amende sont prononcées par le Code pénal, si les circonstances paraissent atténuantes, les Tribunaux correctionnels sont autorisés, même en cas de récidive, à réduire l'emprisonnement même au-dessous de six jours et l'amende même au-dessous de 16 francs; ils pourront aussi prononcer séparément l'une ou l'autre de ces peines, et même substituer l'amende de l'emprisonnement, sans qu'en aucun cas elle puisse être au-dessous des peines de simple police.* » Et, je n'étonnerai personne, les juges et le syndic qui me font l'honneur de m'écouter moins que tout autre, en disant que c'est ce qui arrive le plus souvent.

La raison en est facile à comprendre. Le juge, pardonnez-moi l'expression, n'a point vécu de la vie du commerçant. Il ignore si le fait pour lequel ce dernier est poursuivi est le résultat d'un malheur, d'une négligence ou d'une combinaison coupable. Il sait que peu, pour ne pas dire point de commerçants observent la loi sur la comptabilité. Dans le doute et sur la prière du commerçant et de son défenseur il se laisse fléchir. Ni l'un ni l'autre ne s'en plaignent, vous le comprenez. Reste la question de savoir si la peine appliquée frappe juste et assez sévèrement pour punir celui qui comparaît devant la justice, donner un exemple aux autres commerçants qui sont dans son cas et arrêter ainsi le flot toujours croissant des faillites et des banqueroutes.

Conséquences qui découlent de l'inefficacité de ces sanctions. —

Les conséquences qui découlent de cet état de choses sont visibles, fatales et malheureuses :

C'est d'abord, le délaissement total ou partiel de la comptabilité, par celui des commerçants qui n'est ni assez loyal, ni assez intelligent en affaires, pour en voir l'utilité absolue en dehors de toute sanction.

C'est la porte ouverte à la fraude et à la mauvaise foi.

Ce sont les affaires devenues difficiles et presque impossibles.

Ce sont, encore une fois, les faillites qui décuplent du jour au lendemain pour centupler bientôt, comme il est facile de s'en rendre compte par : 1º le tableau de la statistique des faillites de 1840 à 1895 (voir ci-après) ;

2º Le tableau des répartitions des faillites et liquidations judiciaires des années 1899-1900 (voir ci-après).

C'est la banqueroute ! Demandez plutôt à MM. les Juges et à MM. les syndics, à votre honorable Président d'honneur ?

C'est, au surplus, l'emploi du comptable inhabile, mais rétribué en conséquence, substitué au comptable expérimenté et instruit, mais demandant des émoluments en rapport avec son travail, sa peine et son savoir.

C'est, enfin, la ruine de la comptabilité et, par là même, de la loyauté commerciale et du commerce français.

De ces constatations découlent les nécessités suivantes :

Pour les comptables, de s'unir pour demander *la revision de la loi* sur la comptabilité et, en attendant, *l'application aussi rigoureuse que possible de celle qui existe.*

Pour les commerçants, de concourir à l'exécution de cette loi, d'abord par leur exemple, en s'y soumettant eux-mêmes scrupuleusement et en ne prenant à leur service que des comptables véritablement dignes de ce nom ; ensuite par leur conduite, en déférant à la justice du pays ceux qui leur demandent une remise, un concordat, et dont les livres ne remplissent pas les conditions voulues.

Pour les Tribunaux, de veiller, de leur côté, à ce que la volonté si manifeste de la loi ne soit pas condamnée à la stérilité et à l'impuissance ; les juges consulaires ayant un moyen énergique d'atteindre ce résultat par le refus d'homologation du concordat en faveur du failli dont les écritures ne sont pas conformes aux vœux du législateur, les Tribunaux ordinaires par l'application rigoureuse de l'article 586, § 6, du Code de commerce.

Pour le législateur, de revoir la loi sur la comptabilité et de la rendre *plus facilement applicable* et *plus sévère.*

Pour tous, de veiller dans la mesure de nos forces et de notre autorité à l'exécution des prescriptions de la loi, quelque défectueuses qu'elles soient, en attendant que, sur nos instances et sur celles de ceux qui voudront bien se joindre à nous pour intervenir auprès des pouvoirs publics, elles soient modifiées de façon à ce que les prescriptions des articles 10 et 11 du Code de commerce soient réalisables, les sanctions de l'article 13 du Code de commerce non illusoires, et celle des articles 586, § 6, du Code de commerce et 442 du Code pénal plus sévères et par là-même plus efficaces ; sans cela, encore une fois, c'en est fait de la comptabilité et par là-même du commerce français !

Telles sont, Messieurs les Comptables, les nécessités qui feront l'objet de ma première discussion au sein même de la réunion de votre Conseil, mon unique tâche et mon seul but de ce jour ayant été de démontrer à toute l'Assemblée « *la nécessité pour les commerçants et les comptables de l'application des lois commerciales et pénales en ce qui concerne les livres de commerce* », et ne voulant pas davantage abuser de votre bienveillante attention et de vos instants.

De chaleureux applaudissements montrent au distingué conférencier qu'il a su, sur un sujet aussi aride, retenir l'attention de l'auditoire.

M. Chevallet, président, s'adresse, en ces termes, à l'Assemblée :

Messieurs,

Au nom de mes collègues de la Société professionnelle des Comptables de Lyon et en particulier de son Conseil d'administration, je tiens à adresser de vifs remerciements à M⁰ Falconnet, notre Conférencier, qui a bien voulu venir développer devant vous un sujet aussi important, mais en même temps aussi aride. Il l'a fait avec une clarté, une précision et une netteté de vue que chacun de vous a pu apprécier.

Je vous remercie, Messieurs, d'avoir répondu à notre appel. Je puis dire que nos espérances ont été dépassées. Par votre présence, ici, vous nous témoignez que vous vous intéressez à l'œuvre que nous avons entreprise. C'est pour nous le meilleur encouragement à la continuer et nous puiserons dans votre appui, qui ne pouvait mieux s'affirmer, la confiance dans l'utilité et la réussite de notre cause.

Je remercie tout particulièrement MM. Brizon et Commandeur, juges au Tribunal de commerce de Lyon, M. Picard, président de l'Union française du Commerce et de l'Industrie. Votre présence au milieu de nous, Messieurs, ajoute un grand éclat à notre réunion. Nous en sommes heureux et fiers.

Je remercie également la presse lyonnaise toujours prête à nous accorder son concours toutes les fois que nous le lui demandons.

TABLEAU DE LA STATISTIQUE DES FAILLITES EN FRANCE
DE 1840 A 1895 [1]

Au cours d'une communication faite devant la Société de statistique de Paris sur « la Philosophie des défaillances commerciales » (faillites, liquidations judiciaires, arrangements amiables), M. Limousin a produit des chiffres qui montrent que le nombre des faillites suit en France, depuis 50 ans, une progression constante. Les voici :

Pour 100 patentés		Pour 100 patentés	
1840. . . .	0.28	1889. . . .	0.57
1861. . . .	0.32	1890. . . .	0.53.
1872. . . .	0.38	1891. . . .	0.59
1875. . . .	0.36	1892. . . .	0.52
1880. . . .	0.39	1893. . . .	0.51
1881. . . .	0.45	1894. . . .	0.56
1885. . . .	0.49	1895. . . .	0.52
1888. . . .	0.46		

M. Limousin, calculant, à l'aide de certaines hypothèses, la perte définitive annuelle due à l'ensemble des faillites en France, l'évalue en moyenne à 300.780.000 francs pendant la période 1872-1895.

TABLEAU DES RÉPARTITIONS DES FAILLITES
ET LIQUIDATIONS JUDICIAIRES DES ANNÉES 1899 ET 1900 [2]

A Lyon, pendant les années 1899-1900, il y a eu 587 faillites et 190 liquidations judiciaires dont 341

---

[1] *Gaz. Jud.*, n° 44.
[2] *Gaz. Jud.*, n° 178.

faillites et 8 liquidations judiciaires clôturées pour insuffisance d'actif :

Répartitions

A. *Faillites :*

Concordats à remises obtenus aux conditions suivantes :

                de 100 0/0 dans 4 faillites.
        de 50 à 60   —   1   —
        de 40 à 50   —   2   —
        de 30 à 40   —   2   —
        de 20 à 30   —   6   —
        de 10 à 20   —   8   —
        de 5 à 10   —   2   —

Dans les faillites terminées par l'abandon d'actif, les dividendes se sont élevés à :

        de 80 à 90 0/0 dans 1 faillite.
        de 50 à 60   —   1   —
        de 40 à 50   —   1   —
        de 30 à 40   —   1   —
        de 20 à 30   —   3   —
        de 10 à 20   —   7   —
        moins de 10   —   12   —

Enfin, les 90 faillites cloturées par l'union des créanciers ont donné les résultats suivants :

                de 100 0/0 dans 2 faillites.
        de 60 à 70   —   1   —
        de 50 à 60   —   3   —
        de 40 à 50   —   1   —
        de 30 à 40   —   7   —
        de 20 à 30   —   8   —
        de 10 à 20   —   19   —
        moins de 10   —   40   —
                 0   —   9   —

B. *Liquidations judiciaires :*

Les concordats et remises ont été obtenus moyennant un dividende :

de 100 0/0 dans 1 liquidation.
de 70 à 80 — 1 —
de 50 à 60 — 8 —
de 40 à 50 — 1 —
de 30 à 40 — 6 —
de 20 à 30 — 9 —
de 10 à 20 — 12 —

Dans les 23 concordats obtenus par simple abandon d'actif, les dividendes répartis se sont élevés :

de 60 à 70 0/0 dans 1 liquidation.
de 40 à 50 — 1 —
de 30 à 40 — 2 —
de 20 à 30 — 7 —
de 10 à 20 — 4 —
de 0 à 10 — 8 —

Lyon. — Imp. A. Rey, 4, rue Gentil. 29.96